DISCOURS

PRONONCÉS SUR LA TOMBE

DE MONSIEUR

EMILE FLAMANT

Décédé à Douai le 31 octobre 1867

Bâtonnier de l'ordre des Avocats de Douai, Membre du
Conseil général du Nord,

Par M. TALON, Avocat, et M. MORISSON, Médecin et Conseiller général.

DOUAI

IMPRIMERIE & LIBRAIRIE L. CRÉPIN

32, RUE DES PROCUREURS, 32.

1867

Ces discours ont été tirés à 24 exemplaires sur papier vergé de Hollande.

N°

Discours de M. Talon.

Messieurs,

Mes chers confrères,

La mort a véritablement des fantaisies cruelles. Tantôt elle frappe à coups redoublés sur une famille; tantôt c'est une classe d'hommes, une corporation, qu'elle décime, prenant même au hasard les plus forts, les plus vigoureux ; et cela, tout à coup, sans que notre faible raison puisse s'expliquer ces funèbres caprices. Il y a quelques mois à peine, nous déposions ici, dans cette douloureuse nécropole, Delbecque, le secrétaire estimé de notre conseil, jadis l'un des représentants du pays, frappé dans la force de l'âge ; et voici que nous nous retrouvons réunis autour de la tombe de Flamant, notre bâtonnier, membre du Conseil général, enlevé à l'estime et à l'affection de tous, alors que la vieillesse, cette excuse de la mort, était encore si loin pour lui, quand tout commençait à sourire à ses vœux légitimes.

Pour bien dire l'étendue de cette perte nouvelle, il faudrait pouvoir réveiller et emprunter cette parole jadis si brillante, désormais éternellement éteinte, de celui-là même que nous pleurons. Mais, Messieurs, vos souvenirs unanimes suppléeront, j'en suis sûr, à l'insuffisance de la louange. Le mérite de

Flamant, en effet, n'était pas un de ces mérites inconnus, que la sagacité devine, qu'un goût épuré apprécie, et qu'en ces tristes moments de solennelle et dernière justice, une voix habile révèle à tous : Il avait, au contraire, la notoriété la plus grande et la plus populaire. Qui ne se rappelle cette éloquence si abondante, si chaude, si pathétique? Qui n'a été, une fois au moins, le témoin et l'admirateur de ces triomphes qui lui étaient si familliers, tantôt sur la scène émouvante de nos drames criminels, tantôt dans ces débats judiciaires encore, quoique politiques, où s'agitent les intérêts non moins palpitants de nos libertés, partout enfin ?

Et ce n'est pas seulement nous qui avons eu ces bonnes fortunes. L'expansion de son talent, son éclat, l'empressement généreux avec lequel il le mettait au service, soit du malheur, soit de l'intérêt public, l'appelaient fréquemment à briller devant de lointaines juridictions : aussi y eut-il rarement dans nos horizons provinciaux, renommée plus grande, et j'ose le dire, mieux établie.

Que de titres pour la justifier !

Une facilité alerte toujours prête à accepter la lutte même à l'improviste, ou à parer aux crises les plus menaçantes, les plus subites.

Une inépuisable fécondité en systèmes ingénieux

qui étonnaient, éblouissaient, et souvent triomphaient.

Un langage élégant et coloré qui captivait l'imagination.

Des mots heureux, jamais acérés, souvent spirituels et fins, qui prévenaient ou dissipaient la fatigue, soutenaient ou relevaient l'attention.

Une imperturbable mémoire qui, au besoin, tenait à son service l'esprit des autres.

Que de dons le ciel avait accumulés dans cette intelligence privilégiée !

Mais ce qui le distinguait surtout, c'était ces élans, ces fougues du cœur, ces tempêtes d'une éloquence inspirée, qui, au moment suprême, renversaient toutes les digues, brisaient tous les obstacles, et entrainaient les convictions étourdies et conquises.

Les instincts de sa nature étaient d'ailleurs en aide à son talent et le maintenaient sans effort. Il cultivait les lettres et les beaux-arts avec une ferveur passionnée : amateur et même praticien distingué, il avait, en toutes choses, ce qu'on ne définit pas, mais ce qui fait l'homme d'élite ; l'amour du beau, une certaine élégance qui retient nos goûts, nos pensées, et nos sentiments, dans des sphères plus élevées.

La sensibilité, la chaleur de son âme l'avaient poussé, (dans le domaine de la politique), vers ces opinions généreuses qui peuvent dépasser le but, inquiéter la prudence, mais qui chez un homme sincère, comme il l'était, exaltent, font bouillonner, épandent avec éclat tout ce que Dieu nous a donné d'élan et d'enthousiasme,

Dans ce parti qu'il avait embrassé, et dont il vécut l'un des chefs, n'était-il pas le jouet d'illusions trop flatteuses pour notre pauvre humanité ? Plusieurs le pensent sans doute, je le comprends à merveille : mais qui oserait l'affirmer, sans crainte de se tromper, dans cet asile de la mort, au milieu de toutes ces tombes, témoins de notre néant, sous l'œil de ce roi des cieux, seul juge infaillible des erreurs, des égarements, et des fautes, où depuis tant d'années se perdent les plus sages ?

La seule chose que l'on puisse attester, et je l'atteste, sans témérité, au nom de tous ceux qui l'ont connu, c'est que, si, dans le pêle-mêle de nos révolutions quotidiennes, les événements l'eussent armé du pouvoir, jamais adversaire heureux n'eut été moins à craindre : non qu'il ne fut, comme chacun, susceptible de s'égarer dans le dédale d'une logique en défaut ; mais il avait si bon et si grand cœur, il était si loyal, si généreux, si ouvert à tous les nobles sentiments, que cette lumière de la conscience, la plus sûre de toutes les lumières, l'eut éclairé et contenu, même au milieu des orages, dans les crises les plus difficiles.

J'en ai pour garant cette affectueuse mansuétude qui, j'en appelle à ses adversaires comme à ses amis, ne l'abandonna jamais, même dans les discussions fatalement irritantes. Tolérant sans limites, prodigue en concessions, d'une justice empressée pour la vérité, toujours essentiellement bon, trait distinctif de son caractère, avec lui le cœur rapprochait bien vite ceux que les opinions séparaient. Plein de déférence pour les personnes, de respect pour toutes choses respectables, il poussait jusqu'à l'inquiétude le soin de ne pas blesser, et trouvait même, à force de courtoisie, le secret de rester bienveillant dans le langage pour ceux qu'il était contraint d'attaquer. La lutte, comme il arrive parfois, avait-elle été plus animée, empreinte de quelque aigreur? à peine était-elle close, qu'il accourait spontanément, tendant une main amie, réclamant apaisement et concorde, s'excusant même de torts imaginaires.

Aussi la confraternité était-elle avec lui d'une douceur presqu'exceptionnelle. Quelle loyauté! quelle sûreté dans les rapports! quelle constante et charmante affectuosité! quelle effusion! Je dirai même quel abandon! Passionné pour notre profession, si belle, en effet, mes chers confrères, tant qu'elle gardera purs et sans tache, comme elle a gardé jusqu'ici, grâce au ciel, le culte du devoir, le désintéressement, le dévouement au bon droit,

l'inflexible respect du vrai . une sage mais iné-
branlable indépendance, il sentait, avec une ar-
deur presque fébrile , la solidarité du barreau.
Préoccupé des jeunes débutants, il les excitait, les
soutenait, les aidait. Inaccessible aux bassesses de
la concurrence, il se serrait contre les anciens ou
ses émules comme on se serre contre des amis.
Parmi tous les rêves que caressait son imagination, celui qu'il vit réaliser avec la plus grande
joie, ce furent ces distinctions que distribue notre
justice, et qui, si modestes qu'on les fasse, n'en
gardent pas moins toute la valeur d'une récompense
morale décernée par des juges tels que vous.

Pouvait-elle lui manquer cette récompense, dès
que les années permirent de le placer à la tête de
l'ordre? N'était-elle pas pour lui le prix légitime
de grands talents réhaussés par toutes les qualités
qui font l'avocat non plus seulement admiré, mais,
ce qui vaut mieux, estimé et aimé de tous¿

Je ne puis que peu vous parler de ses vertus de
famille, puisque le destin l'a confiné dans l'isole-
ment du célibat. Mais nous l'avons connu comme
fils, et, je puis encore invoquer tous ceux qui pé-
nétrèrent dans sa vie privée, non seulement il en
a rempli tous les devoirs, mais il a été le modèle
accompli de cette piété, cette déférence, cette véné-
ration filiale qui, hélas, s'en va peut-être un peu
comme tant de choses. Tant que Dieu lui laissa

son père, brave capitaine, décoré sur nos champs
de bataille, démissionnaire en 1815, il ne connut
de plaisir plus grand que de se faire le fidèle com-
pagnon de ses promenades et l'auditeur de ses ré-
cits. Quand la mort, qui brise tout, l'eut enlevé à
sa tendresse, à grandes années de distance encore,
il n'en parlait, que, le cœur gonflé, la voix altérée,
les yeux humides de larmes. Quant à sa mère qu'il
eut le bonheur de conserver jusques dans des temps
plus récents, il la combla, c'est le mot, des soins
les plus doux que puisse inventer la sollicitude la
plus ingénieuse. Penser à elle, s'occuper d'elle, la
préserver de tout souci, prévenir tous ses désirs,
jouir de ses satisfactions, demander et recevoir sa
sainte bénédiction, telle était, au foyer domestique,
la tache quotidienne de sa vie; et il s'en acquittait,
non comme d'une dette froidement payée, mais
comme d'un de ces soins du cœur qui rendent
heureux celui qui l'accomplit.

Hélas, cette puissante faculté qui l'attacha si ar-
demment à tout ce qu'il y a de grand parmi nous,
la patrie, la liberté, le progrès social, la famille,
la confraternité, forme particulière de l'amitié, ne
fera plus désormais battre ce cœur si bon, glacé
sans réveil possible. Imagination, goût des arts,
amour du beau, talent, éloquence, dévouement,
tout est brisé, et pour toujours. Au moment où
lui arrivent les premières de ces récompenses, si

vivement désirées et si justement obtenues, il disparaît, comme au lendemain, bien avant le temps, le plus jeune de beaucoup parmi ceux qu'on nomme au Palais, *les anciens,* fauché à 44 ans dans toute la vigueur et l'éclat de ses facultés. Bâtonnier, il n'achève pas même cette année si courte accordée par nos règlements. Conseiller général, il paraît tout juste en une session unique, comme un de ces météores qui ne passent que pour marquer qu'ils ont vécu. La mort inflexible ne lui accorde de répit que pour laisser à nos rangs dispersés le temps de se reformer, et lui assurer la juste consolation d'emporter au moins, en quittant la terre, l'unanime témoignage de notre douleur (1).

Aussi a-t-on beau s'en défendre, elle importune toutes les mémoires, cette navrante sentence du prophète : *Vanité des vanités, et tout est vanité*

Et pourtant, non, messieurs, tout n'est pas *vanité.* il est quelque chose qui survit même en ce monde éphémère, c'est la bonne mémoire que laisse après lui l'homme qui a su se distinguer et par l'intelligence et par le cœur; c'est le souvenir des talents, des qualités morales.

Cette récompense, la dernière, mais la plus vraie et la plus solide, d'une vie honnête, utile, honorable, elle ne te manquera pas, cher confrère; au

---

(1) Dernier jour des vacances judiciaires, veille de la rentrée qui a lieu ce jour même.

nom de tous, je t'en donne ici l'assurance. Nous ne pouvons qu'invoquer pour toi la miséricordieuse justice de Dieu ; mais, quant à la justice des hommes, tes concitoyens, tes confrères, tes amis, je te la promets éclatante et reconnaissante. Adieu, Flamant, tu ne seras point oublié.

Discours de M. Morisson.

Que puis-je ajouter, MM, aux éloquentes et sympatiques paroles que vous venez d'entendre ?... Au bord d'une tombe entre-ouverte, demandons-nous seulement si celui qu'elle renferme a, sans arrière pensée, servi les bonnes causes, s'il a fait le bien, dit le vrai, soutenu le juste, et si nous trouvons que, par son intelligence où par son cœur, il a, suivant ses forces, travaillé à la grande œuvre, déclarons alors qu'il a payé sa dette, et remercionsle au nom du passé et de l'avenir.

Émile Flamant était de ceux qui n'ont point à redouter une pareille enquête. Si nous voulions, en effet, pénétrer dans cette vie si courte et pourtant si bien remplie, il nous serait facile de montrer que l'ami loyal et sincère qui vient de nous quitter pour toujours, n'a jamais eu qu'une consolation, l'amour du semblable, qu'un but défini, l'accomplissement du devoir, qu'une espérance enfin, la marche incessante du progrès.

Il y a peu de temps encore, le rayonnement d'une vie puissante animait cette physionomie ouverte, intelligente, toute empreinte de bonté, de franchise et de distinction !.... et maintenant, notre malheureux ami n'est plus ; en le frappant, la mort a frappé aveuglement l'un des meilleurs d'entre nous, au moment même où nous comptions le plus sur son talent, sur son énergie et l'indépendance de son caractère !...

La ville de Lille, qui venait de l'envoyer au conseil général, attendait beaucoup de son ardent dévouement, et pouvait-elle mieux placer sa confiance que dans celui qui, incapable d'une seule défaillance, était toujours resté sur la brèche, fidèle à son drapeau et à ses convictions ? Mais notre infortuné collègue, déjà en prise au mal qui allait le conduire au tombeau, ne devait qu'un instant remplir le mandat qu'il avait si bien mérité. En perdant son nouvel élu, la démocratie a perdu hélas ! celui sur lequel elle fondait les plus grandes espérances, Aussi, avant de nous séparer de toi, cher et excellent ami, reçois avec nos derniers adieux, nos plus vifs regrets. Mais crois-le bien, ta mémoire ne périra pas parmi nous ; elle vivra dans le cœur de tous ceux qui t'ont connu, et longtemps encore tu seras l'entretien des sincères amis de la vérité, de la justice et de la liberté.

Douai. — Imp. L. Crépin. rue des Procureurs, 30 et 32.